Mes photos du bout du monde

Direction éditoriale
Guillaume Robert

Conception et réalisation graphique
Claude-Olivier Four

Relectures
Augustin Théry
Maÿlis Verdon

Fabrication
Louisa Hanifi
Manon Pouch

Iconographie et photos de Denis Brogniart
Alain Issock

Photogravure
Atelier Frédéric Claudel, Paris

Numéro d'édition : 664636

ISBN 978-2-0804-9694-2
Dépôt légal : novembre 2025

Achevé d'imprimé en octobre 2025
par GPS, Bosnie-Herzégovine.

FSC
www.fsc.org
MIXTE
Papier | Pour une gestion forestière responsable
FSC® C118234

Denis
Brogniart

Mes photos
du bout du monde

Flammarion

Sommaire

Afrique de l'Est Océan Indien

Pacifique et Océanie

Asie

Amérique centrale

Moyen-Orient et Europe

Amérique du Nord

Préface

J'avoue m'ennuyer le plus souvent en tournant les pages des livres de photos, tant les images se ressemblent toutes et manquent d'originalité. Mais aucunement ici. Denis Brogniart a réveillé ma torpeur et aiguisé ma curiosité.

Ce n'est pas sa caméra qui a fait les photos, c'est l'intelligence de son œil, la rapidité de son doigt sur le déclencheur, la conscience de l'instant fugitif qu'il veut saisir et parvient à immortaliser. Mais il faut encore autre chose pour faire une œuvre d'exception : l'audace de voir ce que les autres ne voient pas. Et Denis y parvient complètement.

Quel incroyable tour du monde et des hommes il nous offre ! Que de contrastes entre beauté et souffrance, paysages et constructions, nature et êtres humains. Que de formes et de couleurs. Quel tourbillon de réalité.

J'aime cet ouvrage parce que ce n'est pas un livre de photos, mais un livre de vie comme on ne la voit jamais. Sauf ici en tournant les pages. Lentement, très lentement, en s'arrêtant sur chaque détail. En se demandant pourquoi le monde est comme il est. Et comment nous pourrions l'améliorer…

Bertrand Piccard
Explorateur et président de la Fondation Solar Impulse

Introduction

La vie est belle…

Je suis loin de tout et tellement en paix avec moi-même. J'ai appuyé sur le bouton pause de mon existence trépidante pour mieux me retrouver et réussir à m'évader, souvent seul, une forme de psychothérapie individuelle, un moment de découverte et de partage unique à immortaliser sans en référer à qui que ce soit, sans avoir d'autre limite que celle de mon imagination. La liberté… si rare à apprivoiser.

Me voilà avec mon appareil photo en bandoulière, à pied ou à vélo le plus souvent. Pas de gros sacs, pas d'objectifs interchangeables, un boîtier unique, léger, enregistreur de sensations multiples, marqueur indélébile de rencontres souvent éphémères, déclencheur de stimuli qui me donnent parfois la chair de poule et désinhibiteur d'une forme de timidité qui peut parfois m'envelopper.

La photo, c'est plus qu'un plaisir, c'est un besoin qui tempère mes ardeurs et m'apporte une forme de sérénité rare. Elle assouvit ma curiosité, celle qui me donne sans cesse envie de pousser les portes même virtuelles qui jalonnent mes balades, d'aller au-delà de ce qui s'offre à moi au premier regard, de me promener dans les cuisines de la vie, celle des autres, surtout quand elle est aux antipodes de la mienne.

L'impression d'être sur une autre planète et de constater que le temps ne file pas partout à la même vitesse et que parfois il s'est arrêté il y a longtemps.

Comme cette journée à Rajat Ampat, aux confins de la Papouasie, où je me suis rendu compte il y a plus de dix ans, dans un petit village de pêcheurs, que les enfants que je photographiais n'avaient pas de miroir et que certains découvraient leur visage pour la première fois ou presque.

Mon appareil fait tomber les barrières, il déclenche des sourires, souvent, une fois dépassée l'appréhension de la rencontre de l'inconnu que je suis, de ce grand échalas que l'on prend souvent pour un américain… ce que je m'empresse à chaque fois de démentir.

La photo me donne une furieuse envie d'aller vers les autres.

Je m'interdis de porter un quelconque jugement sur ce que je vois, je m'imprègne comme un buvard, je me fonds dans l'univers que je découvre sans itinéraire, déambulant au gré de l'attirance de mon œil. J'oublie tout, comme engagé dans un doux voyage, une pêche aux émotions où ça ne mord pas à tous les coups.

Je ne suis jamais aussi heureux que quand je suis le seul « corps étranger » présent dans un village perdu, loin des circuits touristiques, là où l'accueil n'est jamais empreint de méfiance et de défiance, aux Fidji, aux Philippines ou sur une petite île au sud du Vietnam.

Mieux, mon appareil photo attire, il attise la curiosité, il provoque et facilite les échanges malgré la barrière de la langue.

Ces instants suspendus que je chéris où un regard, un sourire d'enfant, une cabane sommaire, un coucher de soleil, deux éléphants engagés dans un duel incertain ou le visage buriné d'une vieille femme sont attrapés en douceur par mon filet à papillons. C'est un vrai privilège.

Ces photos du bout du monde sont un condensé de ma vie de voyageur sur les cinq continents, ce sont les souvenirs les plus précieux que je rapporte, d'abord pour moi, afin de ne jamais oublier, ensuite pour les autres, pour vous, comme un témoignage où chacun mettra sa sensibilité et dont chacun fera sa propre interprétation. Aucune règle, aucune envie de vous influencer, au contraire, évadez-vous, voyagez par procuration, prenez des idées pour vos futurs périples et imaginez vos propres histoires en plongeant dans ces images.

Croyez-moi, ce ne fut pas facile de choisir les photos de ce livre parmi les milliers à ma disposition, ce fut même un crève-cœur d'en laisser de côté. Pourquoi celle-ci et pas l'autre ? Cette question est revenue sans cesse, mais à l'arrivée ce livre rend compte plutôt fidèlement de plus de vingt ans d'escapades professionnelles et personnelles autour de cette planète qui me fascine tant.

Certains moments sont uniques, comme ce jour où sur une île au large de Sihanoukville, au Cambodge, je suis arrivé devant une frêle bâtisse en bambou. Là, une jeune femme était en train d'accoucher à même le sol. J'ai vite compris que la mise au monde se passait mal en voyant les yeux de celle qui l'accompagnait et faisait office de sage-femme.

Heureusement, grâce à l'intervention rapide du médecin de la production de *Koh-Lanta*, la maman fut hospitalisée à plus d'une heure de bateau et le bébé sauvé alors que son pronostic vital était engagé. Je suis revenu plusieurs fois sur place voir cette famille de pêcheurs et cette petite fille prénommée… Chance !

Quelle chance j'ai d'être le témoin de ces scènes de vie qui me nourrissent et que je partage aujourd'hui avec vous.

Bon voyage ! Nous avons choisi de vous transporter de continent en continent, mais libre à vous d'organiser votre circuit virtuel comme vous l'entendez.

Le monde est beau…

Denis Brogniart

CARAMOAN
3 DYAN SANCHO
RAMIREZ
FOR MAYOR
8GB

Afrique de l'Est
Océan Indien

Île Maurice • Tanzanie

Le grand écart entre la cérémonie de purification des Tamouls
à l'île Maurice et l'immersion au milieu des animaux sauvages en Tanzanie.
Quelle extase d'être un témoin privilégié dans les deux cas,
de me sentir incroyablement vivant, dans ces univers si éloignés
de mon quotidien. Le moment de l'approche est intense, impressionnant,
il faut prendre son temps, trouver son rythme, se fondre dans les éléments,
être discret pour se faire accepter par les fidèles en plein rituel
ou par les félins, les éléphants et les hippopotames qui,
à défaut, eux, de nous inviter, nous tolèrent.
Difficile de comprendre la souffrance de ces hommes
et de ces femmes qui se transpercent la langue et la peau,
en guise de pénitence et de sacrifice, avec des aiguilles d'argent.
Étonnant d'assister à ce combat d'éléphants mâles, éphémère
mais si violent que le bruit du choc restera gravé à tout jamais
dans ma mémoire. La notion de chasseur
d'images prend ici tout son sens… sans braconnage !

Île Maurice.

Île Maurice. Des pigments naturels
pour la purification et la prière, à l’embouchure de la rivière.

Île Maurice. Le lait, au cœur du rituel (page de gauche).
Une de mes photos préférées. Imaginez parcourir plusieurs kilomètres
avec ces tongs à clous. On devine à travers son ombre la souffrance du pénitent (ci-dessus).

Île Maurice. Le prêtre prépare ses offrandes (ci-dessus).
Ce sont les pères qui piquent leurs enfants, dès l'adolescence,
sur le principe du volontariat et de la transmission (page de droite).

Île Maurice. Des couleurs, des odeurs, des fleurs,
ambiance sereine de recueillement (ci-dessus).
Du lait, des fruits, surtout des citrons et des bananes,
du riz, au cœur des offrandes au dieu Muruga (page de gauche).

Île Maurice. Le *cavadee*, c'est cette structure en bois
portée par les Tamouls lors des processions, après dix jours de jeûne (ci-dessus).
Imaginez les douleurs. Ce jeune homme a le dos recouvert de plus de cent-soixante-dix citrons,
chacun accroché à un hameçon planté dans la peau (page de droite).

Île Maurice. Aucun anesthésiant pour cet homme qui se fait transpercer la langue.

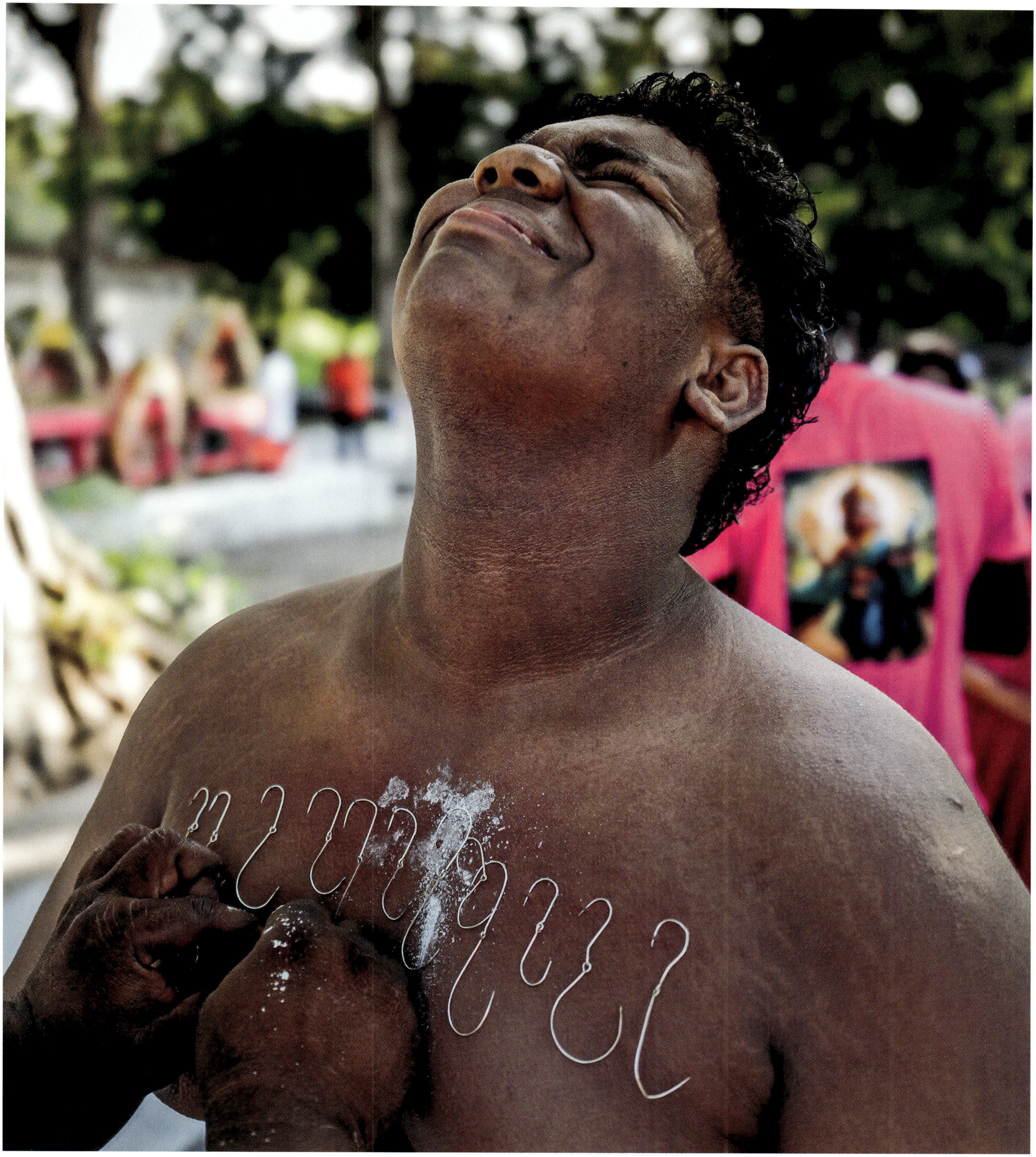

Île Maurice. Premier sacrifice pour ce jeune homme. C'est son père qui lui pique les hameçons sur le corps avant de placer à l'extrémité de chacun d'entre eux un citron. La grimace est le baromètre d'une douleur intense.

Tanzanie. Scène rare, une mère hippopotame et son petit hors de l'eau.

Tanzanie. J'ai craqué pour cet éléphanteau, si frêle derrière sa mère.

Tanzanie. Quelle puissance et quelle violence, ce combat.
Je me souviendrai à tout jamais du bruit causé par le choc entre ces deux mâles.

Tanzanie. Cette lionne fonce sur sa proie, un jeune buffle
dans les hautes herbes qui n'aura pas le temps de se sauver.

Tanzanie. Fasciné par l'agilité de ce léopard
et par sa capacité à se fondre dans les éléments.

Tanzanie. Moment magique, cette lionne et ses deux petits bien turbulents après un violent orage (ci-dessus).
Il n'a pas volé son surnom : le roi des animaux, en observation sur son rocher (page de gauche).

Haldiram's
MARWARI PUBLIC LIBRARY
NO HALTING
NO PARKING
NO STOPPING
TITAN

Asie

Inde • Chine • Cambodge • Thaïlande • Vietnam
Philippines • Bali • Indonésie

J'ai passé, si je cumule, plusieurs années de ma vie en Asie, un continent où je me sens bien, en confiance, et où j'ai fait de merveilleuses rencontres. L'Inde restera un choc, notamment Delhi, où j'ai eu l'impression d'être une infime molécule au milieu d'un monde qui fourmille. J'ai choisi de vous montrer la Chine qui m'a surpris et m'a séduit, loin des repères classiques, à Shanghai et Pékin, dans les vieux quartiers. Un bémol toutefois : les échanges limités avec ceux que j'ai photographiés. Mes coups de cœur, le Cambodge et les Philippines, pays merveilleux, les plus accueillants. Un régal pour la photo, un bonheur pour les partages, aussi délicats que chaleureux. Un crève-cœur de devoir choisir entre des milliers de photos. Je n'oublie pas le sud du Vietnam – je rêve d'y retourner – la Thaïlande ou encore ce petit coin perdu aux confins de l'Indonésie, Raja Ampat, tout proche de la Papouasie, où j'ai touché du doigt la notion de loin de tout.

Inde.

Inde. Petite pause à Delhi.

Inde. Choc des moyens de locomotion dans cette capitale qui grouille.

Inde. Méfiance et curiosité de ces enfants sur le bord de la route. Mélange de couleurs.

Inde. Fatigue, précarité, tristesse : tout est réuni dans le profil de cet homme
que son immobilité rend presque irréel (ci-dessus).
Seul à l'arrière du Taj Mahal, jamais il n'a tourné la tête vers moi (page de gauche).

Enjoy the moment
TOBACCO CAUSES CANCER

Sleepwell
DURAFIRM

Inde. En mode contemplation (ci-dessus).
Eau potable et vente à la sauvette au petit matin, dans une fraîcheur éphémère.
Regard dur et distant (page de droite).
Si j'en avais les compétences, j'aurais aimé peindre cette scène
de New Delhi (double-page précédente).

PURE & SAFE
DRINKING WATER

Inde. Scènes au Taj Mahal… mitraillettes et épuisette !

下第一

Chine. Concours d'aspiration de nouilles dans le vieux Shanghai.

Chine. Dans le miroir ! Coiffeuse à l'ancienne (ci-dessus).
Photo volée aux portes d'un cercle de jeu. Je n'ai pas fait long feu (page de gauche).

政府

Chine. Le couloir sombre de la friture.
Il ne vous manque que l'odeur (ci-dessus en haut et page de gauche) !
Les Temps modernes revisités (ci-dessus en bas).

Chine. Le caniche punk !

Chine. Garde-à-vous dans le métro de Pékin. Une de mes photos préférées.

Cambodge. Une claque, l'immense temple d'Angkor Vat… Symétrie (ci-dessus).
Jeunes bonzes en formation (page de gauche).

Cambodge. Spiritualité dans le regard (page 62).
Prière au soleil couchant (page 63).

Cambodge. Le poids des ans dans une dignité réconfortante.

À l'est du Cambodge, dans la province reculée du Mondol Kiri.
L'éléphant, moyen de locomotion privilégié.

Cambodge. Portraits de femmes âgées inspirantes.

Cambodge. Marché de Sihanoukville. Rencontre émouvante avec cette femme assise immobile
à même le sol sur de vieux cartons. Elle ne comprend pas que je puisse la photographier ainsi.
Alors que je repars, elle me siffle et m'interpelle pour me montrer sa carte d'identité
où on la voit plus jeune et, à son sens, plus présentable.

Cambodge. La surprise de cette petite fille en train de veiller
sur sa petite sœur de quelques semaines (ci-dessus).
Des offrandes dans la gueule de ce tigre pour nourrir
les esprits dans un temple à Phnom Penh (page de droite).

Cambodge. Papa de jumelles, j'ai flashé devant la ressemblance confondante
de ces deux petites Cambodgiennes (ci-dessus).
Quel regard profond et énigmatique (page de droite).

Cement
TYPE I

Cambodge. Cette jeune femme au milieu d'une décharge cuisine… du chien.
En soulevant le couvercle, quel choc de découvrir sa gueule (ci-dessus).
Bonheur simple des enfants qui vivent dans la rue (page de gauche).

Cambodge. Sa tendresse m’a attiré au milieu de son échoppe envahie par les régimes de bananes.

Cambodge. Toutes les générations réunies au marché autour de l'étal de la bouchère.

CHOCO
皇球杯

Cambodge. Vendeuse ambulante sur l'eau… elles sont bonnes, mes tomates (ci-dessus) !
Séance coiffure au milieu des pastèques (page de gauche).

Les enfants, source inépuisable de portraits. On a envie de le serrer dans nos bras, ce jeune garçon.

Cette famille sur l'île de Koh Rong restera à tout jamais dans mon cœur.
Ma curiosité a sans doute sauvé ce bébé car je suis arrivé chez elle au moment
où la maman de vingt-huit ans était en train d'accoucher, à même le sol, de son quatrième enfant.
Le travail se passait mal. Le médecin français de *Koh-Lanta* est intervenu à ma demande et a évacué
en urgence cette femme vers l'hôpital de Sihanoukville, pessimiste quant à la survie du bébé.
À l'arrivée, une magnifique petite fille est née, en parfaite santé. Ses parents l'ont appelée Chance, en cambodgien.

Cambodge. Maison de pêcheurs (ci-dessus).
Sieste réparatrice sous la protection de ce temple mystérieux et délabré (page de droite).

Thaïlande. Un appel au footing (ci-dessus).
La vue de mon hôtel au coucher du soleil, sur l'île de Koh Yao Noi
où nous avons tourné *Koh-Lanta* en 2015 (page de droite).

Vietnam. Le bagne construit en 1862 par les Français sur l'île de Con Dao,
au sud du pays. Impression de malaise (ci-dessus).
Un traducteur vietnamien de français, âgé de quatre-vingt-sept ans, à la poste d'Hô Chi Minh-Ville.
Quelle élégance. Il parle notre langue comme vous et moi, souvenir du colonialisme (page de droite).

NHANH CHÓNG - CHÍNH XÁC
AN TOÀN - TIỆN LỢI - VĂN MIN
NƠI CHỈ DẪN
VÀ VIẾT GIÚP

53-R2
6402

Vietnam. Trafic de pains de glace à Con Dao pour la conservation des poissons (ci-dessus).
Convoi exceptionnel… de poissons rouges (page de gauche) !

Vietnam. Pêcheurs en pause (ci-dessus).
Hô Chi Minh, premier président de la République démocratique du Vietnam, décédé en 1969, veille partout sur son peuple (page de droite).

HỒ CHỦ TỊCH VĨ ĐẠI

Vietnam. Les pêcheurs de calamars vivent sur leur bateau
des mois durant, loin de leurs familles (ci-dessus).
Attention, peinture fraîche (page de droite) !

Philippines,. Le riz c'est l'or blanc aux Philippines. L'aliment de base.

Philippines. Quel pied ! Sieste à l'ombre (ci-dessus).
Au détour d'une sortie à vélo, rencontre avec ce vieil homme qui se douche.
Ici, dans la péninsule de Caramoan, pas d'eau courante
et très peu d'électricité dans les maisons (page de gauche).

Philippines. Combien de fois les Philippins, dans ces zones vierges de touristes,
m'ont-ils accueilli chez eux avec une infinie gentillesse ? La vie y est à la fois rudimentaire et douce.

Philippines. Sur la route de Paniman,
cet homme se taille la moustache sous le contrôle stoïque de son chien.

Philippines. Une mangue bien mûre, ça vaut tous les bonbons du monde !

Philippines. Dans une bicoque en tôle ondulée,
au bout d'un chemin cabossé, ce papa et sa fille… tendresse.

Philippines. Au milieu d'un trek, cette femme âgée apparaît, de retour de son petit lopin de terre en pleine nature.
Elle est aussi surprise que moi, car ici, à une heure du premier village, elle ne voit jamais personne.
Double-page suivante : une classe de l'école élémentaire du village d'Ilawod, pas très loin de notre base vie de *Koh-Lanta*.
Beaucoup de moyens sont consacrés à l'éducation et à l'enseignement.

DAGOS PO KAMO

LET THE LIGHT
Mm
Nn
Oo
Pp
Qq

Philippines. Le poids des années…
sagesse des anciens qui vivent souvent avec leurs enfants.

Philippines. Après la lessive, la douche au bord du chemin !
Pour l'intimité, on repassera (ci-dessus).
Dans la noix de coco, rien ne se jette. De l'écorce séchée, on tire une huile comestible.
Tout est fait à la main. Observez ce petit garçon, virtuellement entre les bras de son père (page de droite).

Philippines. Des fidèles habités dans l'église évangéliste de Terogo, village niché entre les rizières dans la péninsule de Caramoan (ci-dessus). Tendresse d'une tétée tardive (page de droite).

Philippines. Seul au monde ou presque. Cet homme vit
dans une zone reculée en pleine forêt tropicale (ci-dessus).
La curiosité de deux enfants au sommet d'une colline, sur le perron
de la maisonnette familiale faite de bois et de palmes de cocotiers (page de gauche).

Philippines. Petite pause sur le chemin de l'école !
Seul le cartable nous rapproche de chez nous (ci-dessus).
Cette petite femme fragile est guidée par l'ombre des fanions.
J'aime la composition de cette photo en noir et blanc (page de gauche).

SUGO

Philippines. Commerces de proximité ! Cherchez l'intrus.

Philippines. Le cochon, richesse locale. Presque chaque famille en élève au moins un.
Ici, aux Philippines, on mange de la viande aux grandes occasions.

Philippines. Un homme vient de tuer son cochon, il le vend au détail sur le bord de la route.
En moins d'une demi-heure, il n'y a plus rien.

Philippines. Les combats de coqs déchaînent les passions et les paris.

Philippines. Tête-à-tête… nez à bec ! Le coq est un animal vénéré, bichonné et entraîné pour le jour J. Il peut valoir l'équivalent de plus de cent euros, une fortune là-bas.

Philippines. Le basket est le sport préféré des Philippins. Il y a un terrain, même très rustique, dans chaque village. Et on organise très fréquemment des matches endiablés, auxquels je participe parfois !

BOY

Philippines. Déjeuner bucolique pour cette petite fille adossée à son cocotier. Je la trouve solaire.

Philippines. La pêche a été bonne, le repas le sera tout autant.

WELL MILLED RICE
REGULAR MILLED RICE
MOISTURE CONTENT

Philippines. Autel improvisé pour cette cérémonie religieuse silencieuse.
En m'arrêtant, j'ai dissipé les enfants. Je suis reparti très vite (ci-dessus).
Sieste réparatrice sur son lieu de travail pour ce pêcheur de Paniman, petit bourg côtier (page de gauche).

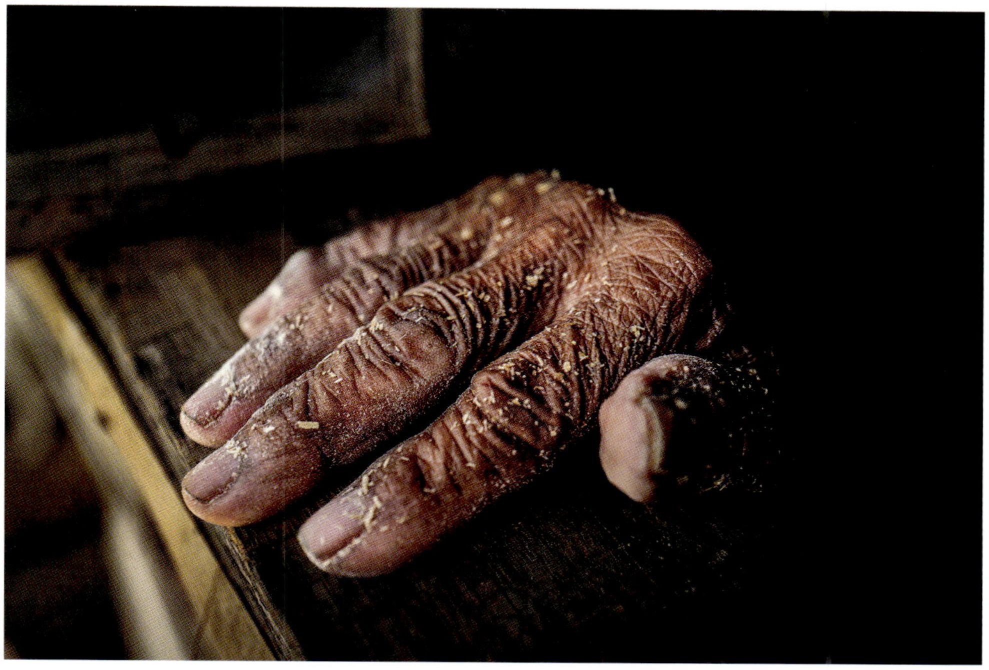

Philippines. Une gueule d'acteur et des mains de travailleur pour cet homme qui cultive le riz (ci-dessus).
Les Philippins sont aussi curieux que moi ! Ils sont si accueillants, jamais méfiants.
Ce n'est pas tous les jours qu'ils voient un étranger leur rendre visite.
Je suis parfois l'attraction. Cela délie les langues, souvent (page de gauche).

Philippines. Pas besoin de berceuse. La chaleur écrasante
rend la sieste presque obligatoire pour petits et grands (ci-dessus).
Au détour d'une ruelle en terre battue, de la musique. Je m'approche
et découvre ce jeune homme jouant de la guitare. Moment suspendu (page de gauche).

Philippines. Ces deux photos racontent l'histoire de ce papa qui prépare ses pièges à crabes avant la pêche nocturne, entouré de son adorable chiot et de sa petite fille en plein goûter !

Bali. Impressionné par ce paysan famélique
en train de couper le riz à la main au nord d'Ubud.
Double-page suivante : les îles Wayag, en Indonésie, côté Papouasie occidentale.
Une splendeur. Jamais rien vu d'aussi beau.

Raja Ampat, littéralement « l'archipel des Quatre Rois », en Indonésie.
Nous avons tourné *Koh-Lanta* là-bas en 2011.
Et j'ai découvert des villages totalement reculés au gré de mes footings.

Archipel indonésien des Raja Ampat.
Je rêve d'y retourner. Paradis de la plongée, des atolls et des langues de sable à perte de vue.

Pacifique et Océanie

Fidji • Polynésie
Australie • Nouvelle-Zélande

Le vrai bout du monde. Je me souviens, quand j'étais enfant, on nous disait que si on creusait un trou très profond on arriverait un jour en Nouvelle-Zélande ! Ce pays a toujours émoustillé mon imaginaire. Je pensais qu'il était inatteignable. Je l'ai parcouru du nord au sud en camping-car. Je suis devenu un voyageur sur le tard. J'ai pris l'avion pour la première fois à dix-huit ans passés, et pourtant je me suis toujours nourri des récits des explorateurs et de ceux qui parcourent la planète. Je me suis bien rattrapé depuis, faisant mienne cette citation qu'on dit de Montaigne : « Les voyages forment la jeunesse. » Et je dirais même plus, ils permettent de rester jeune et curieux. Ils me mettent dans un état d'excitation proche de celui que je ressentais en partant, gamin, en colonie de vacances. Embarquement immédiat à destination des îles Fidji, archipel méconnu au milieu du Pacifique où j'ai passé plusieurs mois merveilleux et où j'ai découvert un peuple d'une infinie générosité, ancré dans ses traditions tribales.

Fidji.

Fidji. Petites têtes blondes, particularité rare chez les Mélanésiens (ci-dessus).
Gouttes de joie en suspension (page de droite).

Fidji. L'uniforme à l'école avec la jupe traditionnelle, le *sulu*, pour les garçons (ci-dessus).
Cache-cache improvisé (page de droite).

Fidji. Bain et lessive, même combat.

Fidji. Les Fidjiens sont très croyants, majoritairement méthodistes.
J'ai des frissons en repensant aux célébrations et aux chants si puissants entonnés comme des gospels.

Fidji. Futur artiste (ci-dessus).
Ce petit garçon trouve le temps long à l’église (page de droite).

Fidji. Problème de nez face à mon objectif… sans aucune gêne.

Fidji. Tendresse.
Pages suivantes : jour de lessive (page 158).
Sourire de bienvenue (page 159).

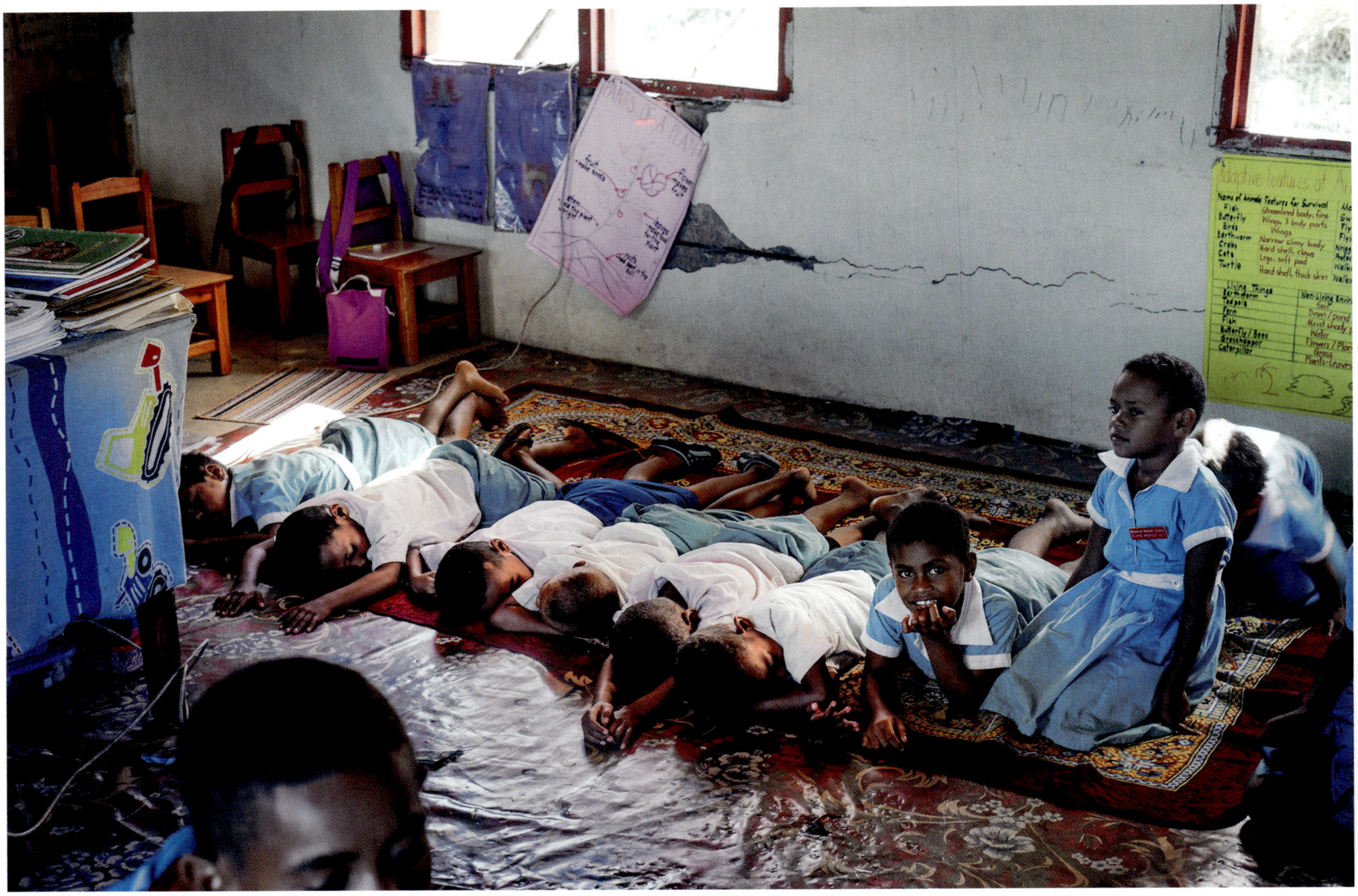

Fidji. L’heure de la sieste.

Fidji. La plage au loin porte bien son nom : Champagne (ci-dessus).
L'archipel de Yasawa, dans le nord des Fidji, et ses dégradés du bleu au vert. Sublime (page de gauche).

Polynésie. Retour d'entraînement au soleil couchant. Pirogue polynésienne (ci-dessus).
Île déserte comme dans mes rêves (page de droite).
Double-page suivante : point culminant de l'île de Raiatea,
avec vue imprenable sur le lagon et l'île de Tahaa.

Australie. Quelle rencontre ! J'ai découvert ce petit kangourou perdu sous le camping-car qui me servait de maison en tournage dans le bush australien, en 2010. Il est très vite devenu la mascotte avant d'être relâché.

SINGLE USE ONLY
TERUMO

Australie. L'averse approche (ci-dessus).
Les *Three Sisters*, trois collines arides de terre rouge, en plein désert (page de droite).

Nouvelle-Zélande. Le volcan Ngauruhoe, la « montagne du Destin » dans *Le Seigneur des anneaux*, au lever du soleil. Un lieu sacré pour les Maoris au milieu du parc du Tongariro, sur l'île du Nord en Nouvelle-Zélande. Il abrite le plus beau parcours de randonnée que j'ai eu la chance de tester. À ne pas manquer si vous allez là-bas.

Nouvelle-Zélande. Une nature préservée exceptionnelle,
l'impression si souvent d'être seul. Un antidote contre le stress.

Nouvelle-Zélande. La *Champagne Pool*, ni à boire ni pour se baigner.
Entre Roturoa et Tauro. Son nom vient d'émanations de CO_2 qui rappellent les bulles du champagne.
Température de l'eau : 73 °C en surface, et plus de 260 °C au fond (ci-dessus).
Au sommet du mont Tongariro, l'impression d'atterrir sur une autre planète, celle des lacs Émeraude.
Presque irréel. Ma plus forte émotion (page de gauche).
Double-page suivante : le geyser de Pohutu, littéralement « la grande éclaboussure » en langue maorie.
C'est le plus grand de Nouvelle-Zélande, qui crache presque toutes les heures,
parfois jusqu'à trente mètres de haut. Les entrailles de la terre se déchaînent.

Amérique centrale

Haïti • Cuba

Mes deux voyages en Haïti m'ont chamboulé, le premier a eu lieu au printemps 2010, deux mois après le terrible tremblement de terre qui a causé la mort de plus de deux-cent-quatre-vingt-mille personnes, le second quelques années plus tard. J'y suis allé avec les Architectes de l'urgence, fondation dont je suis le parrain. Jamais je n'avais ressenti pareille intensité dans les regards emplis à la fois de détresse et d'espérance, jamais je n'avais été confronté à une catastrophe naturelle si dévastatrice. Alors avec pudeur j'ai tenté, équipé de mon appareil photo, d'être un simple témoin, un relais de ces architectes formidables venus pour aider à la reconstruction d'un pays comme rayé de la carte, à quelques centaines de kilomètres de l'autre partie de l'île, Saint-Domingue et ses plages paradisiaques complètement épargnées. Réparer les habitations, mais pas que… À travers les fondations que l'on coule, les murs que l'on dresse, l'attention que l'on porte, ce sont les corps, les cœurs et les têtes que l'on soulage. Comment oublier ces jeunes orphelins recueillis par une institutrice sur les hauteurs de Port-au-Prince, ou ces gens retrouvés écrasés dans les décombres de leurs maisons éventrées plusieurs mois après la catastrophe ? Impossible… Et pourtant, l'espoir est réapparu, les sourires aussi. La résilience fait des miracles.

Haïti.

CUTIE

Haïti. Le pouvoir magique d'une corde à sauter dans ce camp de réfugiés (ci-dessus).
Des crayons de couleur et des coloriages, la vie reprend (page de gauche).

WASUMI

Haïti. Port-au-Prince à terre.

Haïti. Le périple pour s'enfoncer dans le sud, vers Thiotte,
où un dispensaire était en construction, a été une aventure. Une seule règle, l'entraide.

Haïti. Aire de repos dans une rivière asséchée.
Le marché est encore à plusieurs heures de marche.

Haïti. En revanche, le tremblement de terre... si.

Haïti. Côte à côte, la tristesse de cette femme et les rires des enfants dans ces abris de fortune (ci-dessus).
Page suivante : passage de gué périlleux dans la montagne.
Page 189 : quelle gueule, quelle classe… mimétisme avec le chasseur de prime dans *Lucky Luke* !

Haïti. Puissance dans le regard de cette petite fille à l'orphelinat de Mirebalais,
au nord de Port-au-Prince. Il a été créé après le séisme. Elle et tous les autres ont perdu leurs parents.

Haïti. La joie des écoliers de Savanette, petit village dans la montagne
dont l'école a été reconstruite par les Architectes de l'urgence. Jour d'inauguration.

Haïti. Photo chère à mon cœur. Classe en plein air et tableau improvisé
sur une tôle rouillée pour un exercice sur les sinus et cosinus. La vie ne s'arrête jamais.

Haïti. La foi comme source d'espoir pour certains (ci-dessus).
On dirait une peinture réaliste. Harmonie des couleurs et sourire contenu (page de droite).

Haïti. Ils comprendront plus tard la tragédie... sauf peut-être l'aînée,
l'assiette sur les cuisses, dont le regard semble appeler à l'aide.

Haïti. Un rayon de soleil sur la misère post-tremblement de terre (à gauche).
La fable : un âne, un cochon et une chèvre (à droite)…

Cuba. Prendre de la hauteur à La Havane pour sentir les couleurs
de Cuba (ci-dessus et double-page suivante).
Cet homme dans la maturité pourrait être l'égérie d'une pub pour le tourisme cubain.
L'élégance naturelle, *hombre* (page de droite) !

habana libre

Amérique du Nord

États-Unis • Canada

Sans doute mes plus belles vacances en famille !
Aux États-Unis et au Canada. Une aventure en soi à chaque fois,
un périple itinérant avec tous les jours l'impression de recevoir
une vraie claque d'immensité, de dépaysement et de découverte.
Maintenant, je vous emmène avec moi sur la route. Ici, les kilomètres
défilent différemment, la nature tantôt vous agresse comme à Monument
Valley, tantôt vous apaise comme au bord du lac Canard, au Québec.
Sans oublier New York, cette ville à part qui fait vibrer mon cœur depuis
que je l'ai découverte en 1992 en courant le plus célèbre marathon au monde.
Je ne pourrais jamais vivre en Amérique du Nord, mais que c'est bon
d'y venir en touriste ou en journaliste pour s'imprégner
de cette énergie qui m'envahit à chaque fois.
Prochain objectif, découvrir l'Alaska.

États-Unis.

États-Unis. Lumière du matin, Monument Valley au loin.

États-Unis. Des routes à perte de vue. Où sont les cow-boys et les Indiens ?

États-Unis. Antelope Canyon, dans l'Arizona, un paradis pour la photo.
Des couleurs, des formes, une lumière… sources inépuisables d'inspiration (ci-dessus).
L'éolienne, enfant, c'était l'une de mes représentations de l'Amérique. Encore aujourd'hui (page de droite)…

États-Unis. Lumière de fou, soir d'orage au bord de la route 66. Le temps s'est arrêté.

États-Unis. À moi les grands espaces au volant de cette Plymouth Fury III cabriolet rutilante de 1967, mon année de naissance.

AUTO

États-Unis. Casse XXL aux portes du désert à Phoenix, Arizona.
L'impression d'être dans un film.

États-Unis. Halloween à New York, une institution (ci-dessus).
Sortie de secours (page de droite).
Page suivante : crépuscule depuis ma chambre d'hôtel, fin décembre
avec vue imprenable sur l'Empire State Building éclairé aux couleurs de la France !
Info trafic à Manhattan (page 215).

CORTLANDT

États-Unis. Rendez-vous intime ou dispute ? Les éléphants de mer aiment, eux aussi, la Californie (ci-dessus).
La Highway 1 entre Los Angeles et San Francisco, vue idéale sur le Pacifique (page de gauche).

Ma cabane au Canada. Le lac Canard pour nous, en famille, et l'impression d'être seuls, entourés de castors, enveloppés dans un calme et un silence quelquefois déstabilisants.

Canada. Le rocher Percé en Gaspésie, au Québec. Comme s'il avait été posé là (ci-dessus) !
Le paradis des pêcheurs à la mouche et des saumons, qui remontent
cette rivière limpide. Invitation à la baignade (page de droite) !

Moyen-Orient et Europe

Israël • Italie

Ah, Jérusalem… une émotion qui ne s'estompe pas,
qui m'a envahi dès mon arrivée, l'impression de pénétrer
dans une ville millénaire plurielle, de ressentir sans naïveté,
en balade, cette forme de sérénité, utopique souvent, entre
les peuples, loin, très loin de la réalité géopolitique. Mais
mon voyage remonte à il y a déjà plus de dix ans.
Quant à l'Europe, j'y ai beaucoup bourlingué, mais paradoxalement
fait peu de photos. Sans explication rationnelle.
Le fait peut-être que c'est à la porte de chez moi, et que j'y retournerai.
Néanmoins, j'ai eu envie de vous inviter photographiquement
en Italie, à Venise en particulier, trésor si bien conservé.
On terminera par un OVNI, ou plutôt un sous-marin,
qui m'a emmené à trois cents mètres sous les mers,
au milieu de la Méditerranée… plongée irréelle.

Israël.

Jérusalem. Le mur des Lamentations pour tous.
Double-page suivante : les toits de Jérusalem, témoins de cette ville cosmopolite.

جملة ومفرق
ستاتي - رجالي
بيع وتركيب اجود انواع العطور
العربية والفرنسية والعالمية
تميزنا .. فكنا الأوائل
اشتري 4
واحصل على
سندويشات وحلويات الأمير
02-5345840

Jérusalem. Les rues étroites du quartier musulman, dans une ambiance chaleureuse de médina.

Double-page précédente : Italie. Ambiance début des congés payés
dans la crique de Polignano a Mare, dans les Pouilles.
Dans l'autre axe, il y a foule (ci-dessus) !

Italie. Enfin la vue de côté. Mon intention de départ, réaliser un triptyque
de la vielle ville qui plonge dans la mer cristalline.

Italie. Cette photo me fait penser à une peinture du XIXe siècle (ci-dessus).
Réveil en amoureux à l'hôtel Danieli. La lagune de Venise rien que pour nous.
Le temps s'arrête (page de gauche).

Italie. Pas très originaux ces… clichés. Qu'importe,
ils traduisent mon Venise. Loin de l'effervescence de la place Saint-Marc...

Je tenais à ces quatre photos, souvenir de mes dix jours en Méditerranée
à bord d'un sous-marin nucléaire d'attaque, le *Casabianca*.
Tellement privilégié. J'en suis conscient, je me le dis tous les jours.

En remontant à la surface en pleine mer, avec le sous-marin, nous sommes accueillis par des dizaines de dauphins.
J'adore cette photo. J'ai eu de la réussite, mais il en faut ! L'ombre, la symétrie, ce saut, les gerbes d'eau
en suspension, le tout avec cette si belle lumière, et un appareil à l'époque très moyen. Je ne m'en lasse jamais.

Remerciements

Je voudrais d'abord dire merci à tous ceux qui m'ont donné le goût du voyage et m'ont permis de parcourir la planète pour le plaisir ou pour mon métier. Sans vous, ma vie serait plus fade et mes souvenirs, notamment photographiques, tellement plus limités.

Merci à toi Hortense, mon amour. Ton œil bienveillant et ton oreille attentive me transcendent. On partage la même philosophie de la vie et du voyage.

Merci à toi Bertrand Piccard de m'avoir fait l'amitié d'écrire cette belle préface qui me touche profondément. Quel honneur ! Tu es pour moi le plus grand explorateur vivant, une source d'inspiration si puissante.

Merci à toi Alain Issock, mon Alain, tu es mon ami et celui qui a toujours pris un temps infini pour me permettre de progresser. Ton talent de photographe est très inspirant. Nous continuerons à partager des instants d'exception.

Merci à François Pugnet, photographe sur *Koh-Lanta* il y a longtemps, qui m'a donné envie de faire de la photo il y a vingt-cinq ans.

Merci à mes enfants, Dimitri, Violette, Lili et Blanche, d'avoir toujours fait preuve de patience (parfois limitée !) quand je consacrais beaucoup de temps à prendre des photos… et pas que de vous !

Merci à Cyril Thomas et à tous ceux chez Leica qui m'ont guidé et transmis leurs connaissances.

Merci à toi, Guillaume Robert, de m'avoir convaincu de publier mes photos d'amateur éclairé et passionné.

Merci Claude-Olivier Four d'avoir organisé ce livre et de m'avoir aidé à sélectionner les photos parmi toutes celles que je garde précieusement.

Et enfin, merci à tous les photographes professionnels dont j'apprécie le travail, vous êtes une source d'inspiration infinie.